VEHÍCULOS MILITARES/
MILITARY VEHICLES

SUBMARINOS de la ARMADA de EE.UU./

u.s. NAVY SUBMARINES

por/by Thomas K. Adamson

Consultora de Lectura/Reading Consultant:
Barbara J. Fox
Especialista en Lectura/Reading Specialist
Universidad del Estado de Carolina del Norte/
North Carolina State University

Capstone
press

Mankato, Minnesota

Blazers is published by Capstone Press,
151 Good Counsel Drive, P.O. Box 669, Mankato, Minnesota 56002.
www.capstonepress.com

Library of Congress Cataloging-in-Publication Data
Adamson, Thomas K., 1970–
  [U.S. Navy submarines. Spanish & English]
  Submarinos de la Armada de EE.UU./por Thomas K. Adamson = U.S.
Navy submarines/by Thomas K. Adamson.
    p. cm.—(Blazers—vehículos militares = Blazers—military vehicles)
  Summary: "Provides an overview of the design, uses, weapons, and
equipment of U.S. Navy submarines in both English and Spanish"—
Provided by publisher.
  Includes index.
  ISBN-13: 978-0-7368-7738-1 (hardcover : alk. paper)
  ISBN-10: 0-7368-7738-X (hardcover : alk. paper)
  1. Submarines—United States—Juvenile literature. 2. United States.
Navy—Juvenile literature. I. Title. II. Title: U.S. Navy submarines.
V858.A72518 2006
623.825'70973—dc22   2006026667

Editorial Credits
Carrie A. Braulick, editor; Thomas Emery, designer; Jo Miller, photo
    researcher/photo editor; Strictly Spanish, translation services;
    Saferock USA, LLC, production services

Photo Credits
Corbis/Steve Kaufman, 5
Courtesy of the Smithsonian Institution, NMAH/Transportation, 22–23
DVIC, 17 (middle, bottom); OS2 John Bouvia, 6–7; PH1 Chris Desmond,
    20; PH1 Robert McRoy, 17 (top); PH2 August Sigur, 18; PH2 David
    C. Duncan, 13 (bottom); PH3 Michael Barth, 13 (top)
Getty Images Inc./Time Life Pictures/U.S. Navy, 9
Photo by Ted Carlson/Fotodynamics, 28–29
Photo courtesy Naval Sea Systems Command, 19
U.S. DOD graphic by Ron Stern, 15
U.S. Navy Photo, cover; Paul Farley, 27; PH1 David A. Levy, 25;
    PH3 Danielle M. Sosa, 11

1 2 3 4 5 6 12 11 10 09 08 07

TABLE OF CONTENTS

TABLA DE CONTENIDOS

U.S. Navy Submarines

U.S. Navy submarines go where no other military vehicles can. Subs lurk quietly under the sea. At any time, they are ready to attack.

Submarinos de la Armada de EE.UU.

Los submarinos de la Armada de EE.UU. van a lugares donde otros vehículos militares no pueden ir. Los submarinos se deslizan silenciosamente bajo el mar. Están listos para atacar en todo momento.

For an enemy, staying safe from a
Navy sub is hard. Navy subs creep up
to coasts to blast away land targets.
They also rip enemy ships to shreds.

Para un enemigo es difícil
mantenerse a salvo de un submarino
de la Armada. Los submarinos de la
Armada se acercan a las costas para
hacer explotar objetivos en tierra firme.
También destrozan buques enemigos.

At 453 feet (138 meters) long, the USS *Jimmy Carter* is one of the U.S. Navy's largest subs.

Con una longitud de 453 pies (138 metros), el USS *Jimmy Carter* es uno de los submarinos más largos de la Armada de EE.UU.

★ ★ ★ ★ ★ ★ ★

DESIGN

Subs are shaped like bullets.
Their shape helps them glide
through the water.

DISEÑO

Los submarinos tienen forma
de bala. Su forma los ayuda a
deslizarse en el agua.

Subs have nuclear-powered engines. The engines power a propeller, which pushes the sub through the water.

Los motores de los submarinos usan energía nuclear. Los motores hacen funcionar una hélice, la cual impulsa al submarino en el agua.

BLAZER FACT

Subs with nuclear-powered engines can run 15 years before needing more fuel. The length of a sub's mission is limited only by how much food it can carry for the crew.

DATO BLAZER

Los submarinos con motores de energía nuclear pueden funcionar durante 15 años antes de requerir más combustible. La duración de la misión de un submarino sólo se limita por la cantidad de alimentos que puede llevar a bordo para la tripulación.

Subs carry ballast tanks filled with air or water. Water rushes into the tanks to make the sub dive. Water is released from the tanks to make the sub rise.

Los submarinos llevan tanques lastre llenos de aire o de agua. El agua llena los tanques rápidamente haciendo que el submarino se sumerja. Para que el submarino salga a flote, se deja salir el agua de los tanques.

DIVING/SE SUMERGE

RISING/SALE A FLOTE

Weapons and Equipment

When a Navy sub launches a torpedo, enemy ships and subs are in trouble. Even if a torpedo misses its target, it can turn around and try again.

Armamento y Equipo

Cuando un submarino de la Armada lanza un torpedo, los buques y submarinos enemigos están en problemas. Incluso si un torpedo no da en el blanco, puede regresar y volver a intentarlo.

Subs fire missiles at targets on land. Missiles burst out of tubes on top of the sub. They can hit targets 1,000 miles (1,600 kilometers) away.

Los submarinos lanzan misiles a objetivos en tierra firme. Los misiles salen disparados de tubos en la parte superior del submarino. Pueden llegar a objetivos a 1,000 millas (1,600 kilómetros) de distancia.

MISSILE TUBES/TUBOS PORTAMISILES

Sailors look into periscopes to see outside the sub. New subs have viewing equipment with cameras. These devices take up less space than periscopes do.

Los marineros miran a través de periscopios para ver fuera del submarino. Los nuevos submarinos tienen equipo de observación con cámaras. Estos aparatos ocupan menos espacio que los periscopios.

PERISCOPES/PERISCOPIOS

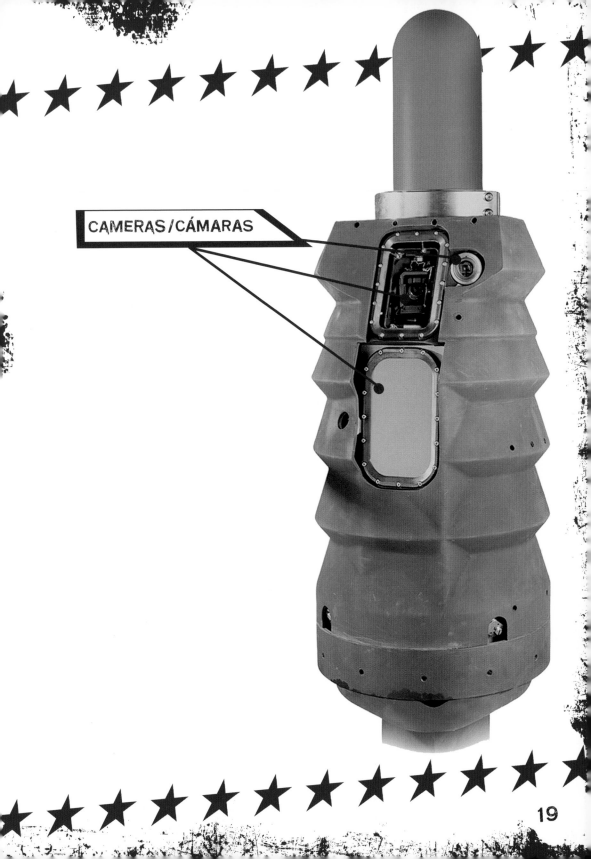

CAMERAS / CÁMARAS

SONAR SYSTEM/SISTEMA DE SONAR

20

A sub's sonar system sends out sound waves that bounce off objects. The sub then locates the objects. Not even the sneakiest ship can hide from sonar.

El sistema de sonar de un submarino envía ondas sonoras que rebotan en los objetos. Luego, el submarino localiza los objetos. Ni siquiera el buque más precavido puede ocultarse del sonar.

BLAZER FACT

A sub's sonar system works like the sonar ability of bats. Bats use their sonar ability to find mosquitoes and other food.

DATO BLAZER

El sistema de sonar de un submarino funciona igual que la habilidad de sonar de los murciélagos. Los murciélagos usan su habilidad de sonar para encontrar mosquitos y otros alimentos.

SUB DIAGRAM/ DIAGRAMA DE UN SUBMARINO

NUCLEAR REACTOR ROOM/
CUARTO DE REACTOR NUCLEAR

PROPELLER/
HÉLICE

ENGINE ROOM/
CUARTO DE MÁQUINAS

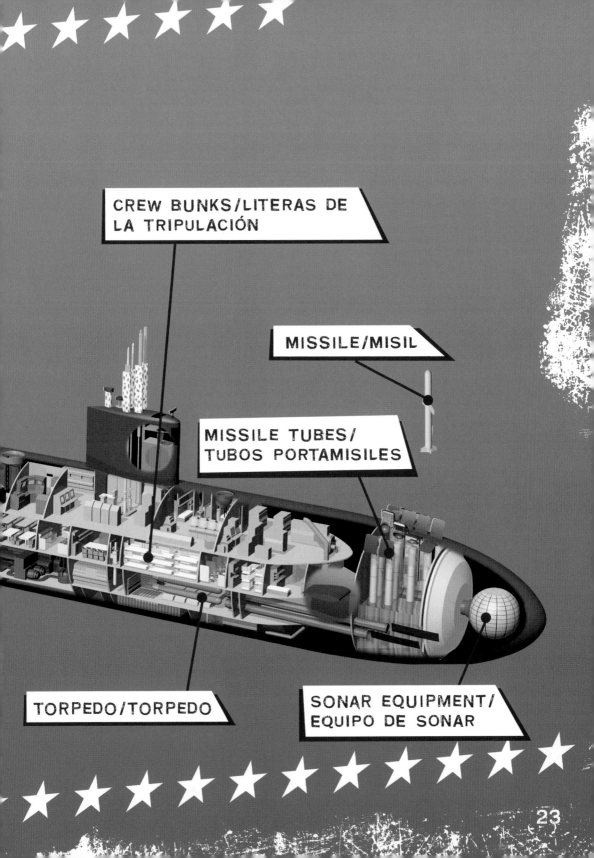

CREW BUNKS/LITERAS DE LA TRIPULACIÓN

MISSILE/MISIL

MISSILE TUBES/ TUBOS PORTAMISILES

TORPEDO/TORPEDO

SONAR EQUIPMENT/ EQUIPO DE SONAR

LIFE ON A SUB

About 140 sailors live on a sub. Some spaces are so cramped that sailors can hardly move!

LA VIDA EN UN SUBMARINO

Aproximadamente 140 marineros viven en un submarino. ¡Algunos espacios están tan llenos que los marineros apenas pueden moverse!

Subs are at sea for months at a time. Sailors long to set foot on land. But they know their important missions help keep the United States safe.

Los submarinos duran meses en el mar. Los marineros añoran pisar tierra firme. Pero saben que sus importantes misiones ayudan a proteger a Estados Unidos.

BLAZER FACT

Subs have equipment to take salt out of ocean water. The sailors then can drink the water.

DATO BLAZER

Los submarinos tienen equipo para eliminar la sal del agua del mar. Así los marineros pueden beberla.

SLICING THROUGH THE SEA! / ¡NAVEGAR POR EL MAR!

GLOSSARY

ballast tanks—large containers in a sub that bring in or let out water to make the sub sink or rise

coast—land that is next to the sea

missile—an explosive weapon that can travel long distances

periscope—a tube with lenses and mirrors that allows sailors to see outside of a sub

propeller—a set of rotating blades that push a sub through water

sonar system—equipment that uses sound waves to find underwater objects

torpedo—a missile that travels underwater

INTERNET SITES

FactHound offers a safe, fun way to find Internet sites related to this book. All of the sites on FactHound have been researched by our staff.

Here's how:

1. Visit *www.facthound.com*
2. Choose your grade level.
3. Type in this book ID **073687738X** for age-appropriate sites. You may also browse subjects by clicking on letters, or by clicking on pictures and words.
4. Click on the **Fetch It** button.

FactHound will fetch the best sites for you!

Glosario

la costa—tierra firme que se encuentra junto al mar

la hélice—un conjunto de aspas giratorias que impulsa a un submarino en el agua

el misil—un arma explosiva que puede recorrer grandes distancias

el periscopio—un tubo con lentes y espejos que permite a los marineros ver fuera de un submarino

el sistema de sonar—equipo que usa ondas sonoras para encontrar objetos bajo el agua

los tanques lastre—recipientes grandes de un submarino que dejan entrar o salir el agua para que el submarino se sumerja o salga a flote

el torpedo—un misil que viaja bajo el agua

Sitios de Internet

FactHound proporciona una manera divertida y segura de encontrar sitios de Internet relacionados con este libro. Nuestro personal ha investigado todos los sitios de FactHound. Es posible que los sitios no estén en español.

Se hace así:

1. Visita *www.facthound.com*
2. Elige tu grado escolar.
3. Introduce este código especial **073687738X** para ver sitios apropiados según tu edad, o usa una palabra relacionada con este libro para hacer una búsqueda general.
4. Haz clic en el botón **Fetch It.**

¡FactHound buscará los mejores sitios para ti!

INDEX

ÍNDICE